Género Ficción histórica

I0794919

Pregunta esencial

¿Qué experiencias pueden cambiar la forma en que te ves a ti mismo y al mundo que te rodea?

Humboldt en América

Antonieta Villalba Zúñiga
ilustrado por Viviana Diaz

Capítulo 1

Camino al Chimborazo

Lucía y Juan vivían con sus hijos Pedro, Margarita y Matilde en una apacible casa cerca del volcán Chimborazo.

Una tarde soleada, Margarita y Pedro observaban un rebaño de ovejas mientras Matilde, la hermanita menor, jugaba cerca de la casa. De repente, la pequeña vio una larga fila de mulas que se aproximaba por el sendero y empezó a gritar. Margarita y Pedro se acercaron para ver de quién se trataba: era un grupo de hombres encabezado por dos extranjeros montados sobre mulas, que cargaban muchas maletas.

—Buenas tardes, niños, ¿podemos hablar con sus padres? Necesitamos hacerles algunas preguntas —dijo un hombre de cabellos oscuros con acento extranjero, que dijo llamarse Aimé Bonpland—. Hemos estado recorriendo estas tierras por largo tiempo y queremos saber si pueden ayudarnos: necesitamos encontrar un lugar tranquilo para acampar.

Los niños se miraron entre sí y empezaron a conversar en voz baja. Después, Pedro les dijo a los hombres:

—¿Acampar? Mis hermanas y yo tenemos una gran idea. Tal vez puedan hacerlo en los terrenos que rodean nuestra casa. Vengan, los llevaremos con nuestros padres.

—Mis compañeros de viaje y yo agradecemos su gentileza. Estamos explorando la región y es muy útil tener un lugar seguro para descansar y abastecernos de provisiones —replicó el hombre con acento extranjero.

Los hombres descargaron el equipaje para que las mulas descansaran un poco. Entre tanto, observaban el paisaje y escribían en libretas.

El otro forastero, llamado Alexander von Humboldt, se había alejado y observaba maravillado el entorno. De pronto, tomó su libreta y empezó a dibujar y, cuando terminó, le mostró el dibujo a su compañero y se lo regaló a Matilde, la más pequeña de los hermanos. Ella lo miró, sonrió y lo guardó como un tesoro.

Un rato después, Aimé, el hombre que se había dirigido a los niños en primer lugar, fue a hablar con Lucía y Juan para pedirles permiso y acampar en los terrenos cercanos a la casa. Les dijo que iban camino al Chimborazo y que solo serían unos días mientras descansaban. Ellos estuvieron de acuerdo y Margarita, Pedro y Matilde saltaron de la felicidad. Estaban emocionados curioseando el contenido de las cajas que traían las mulas.

Las cajas estaban llenas de mapas, dibujos, libretas y un montón de aparatos extraños, que ellos nunca antes habían visto. Cada vez que Alexander sacaba algo de las cajas, los niños abrían más sus asombrados ojos.

Para descansar esa noche, Alexander, Aimé y los hombres que los ayudaban armaron los toldos. Estos eran unas estructuras, que cubrían con mantas gruesas, puestas sobre troncos delgados.

Al anochecer, la familia invitó a cenar a los viajeros. Ellos les contaron sus aventuras en las tierras americanas.

—Mi apreciada señora, déjeme agradecerle esta deliciosa cena. Todo está exquisito —dijo Alexander saboreando un bocado. Los niños se sorprendieron porque no lo habían escuchado antes y pensaban que desconocía el castellano.

La señora sonrió y respondió:

—Es sopa de cuchuco, un alimento compuesto de maíz, cebada o trigo en grano pelado y trozado, o semimolido. Lo empleamos para preparar las sopas. Por ejemplo, esta tiene trigo, cerdo, papa, arveja, habas, repollo y condimentos. Es la sopa preferida de los niños y hoy me pidieron que la preparara especialmente para ustedes.

Aimé continuó hablando de sus aventuras, de los animales que habían visto y de las plantas que habían recogido con Alexander para sus herbarios…

—¿Herbario? ¿Qué es un herbario? —preguntó Matilde.

—Un herbario es una colección de plantas en forma de libro: primero las secamos, luego las clasificamos según sus características y, por último, las pegamos en libretas para poder estudiarlas una y otra vez —respondió Alexander.

Ya era muy tarde y los niños habían empezado a cerrar los ojos por el sueño, entonces su madre los llevó a dormir. Los adultos se quedaron conversando y Alexander les contó que estaba muy interesado en seguir explorando los Andes ecuatorianos, y que sus colaboradores y él llevaban varios días en la región. También expresó su deseo de estudiar las construcciones que dejaron los incas, uno de los principales grupos indígenas que había habitado este lugar.

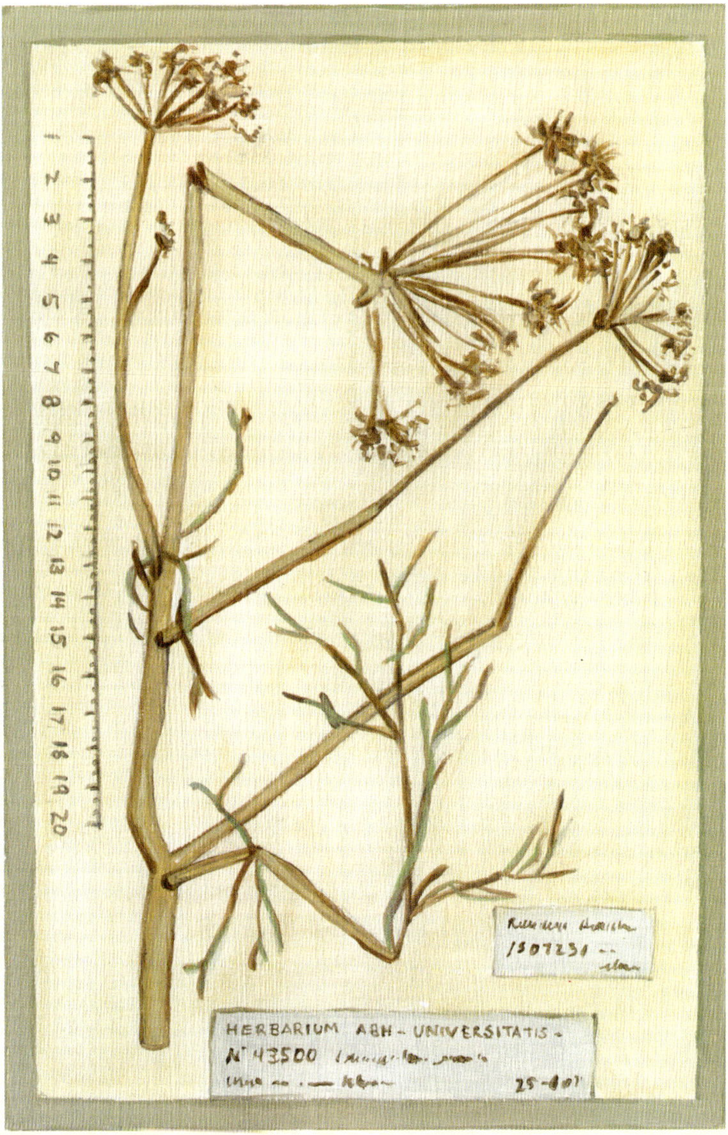

Al día siguiente, los niños preguntaron a sus padres por los visitantes. Ellos respondieron que eran Alexander von Humboldt, un geógrafo, naturalista y explorador alemán y Aimé Bonpland, un botánico francés que recolectaba grandes cantidades de plantas.

Matilde salió corriendo y le preguntó a Alexander qué era ser naturalista. Él le respondió que era una persona que estudiaba las ciencias naturales, pero Matilde seguía sin entender. Pedro intervino entonces:

—De las ciencias naturales, ¿qué estudian los naturalistas?

—Hmm —meditó Alexander unos momentos antes de responderle—, estudiamos la naturaleza, recolectamos hojas de plantas y flores, y observamos lo que nos rodea.

—Mis padres dijeron que también eres geógrafo. ¿Qué quiere decir esa palabra? —preguntó Margarita venciendo su timidez.

Alexander le explicó que un geógrafo estudiaba la superficie de la Tierra, los volcanes, las montañas, los ríos y que también dibujaba mapas para reconocer los territorios que recorría.

—¡Por eso tú y tu colega desean subir al Chimborazo! —exclamó Margarita.

Alexander asintió y agregó que el Chimborazo era una montaña gigantesca de 6,310 metros de altura en cuyas laderas vivían llamas y alpacas. Después, Aimé les contó a los niños qué clase de hojas y plantas esperaba encontrar en este lugar.

Detective del lenguaje

Identifica la intervención del personaje en el texto subrayado.

Capítulo 2

El observador de la naturaleza

Alexander recorrió los alrededores de la casa para registrar la zona antes de subir al Chimborazo. Llevó consigo una gran cantidad de objetos con los que observaba y medía todo cuanto encontraba a su paso: las plantas, el terreno, las distancias.

Los niños quisieron ver cómo trabajaba y decidieron seguirlo, sin que él se diera cuenta, porque sus padres les habían recomendado que no los molestaran. Los hermanos deseaban saber qué hacía exactamente un naturalista; para ellos, no era suficiente una explicación.

Alexander se percató de que los niños lo observaban, les sonrió e hizo señas para que se acercaran. Matilde fue la primera en salir corriendo de su escondite; Pedro y Margarita la siguieron. Los tres acompañaron al explorador en su investigación.

Alexander sacó de su bolsillo un objeto circular de vidrio, se lo dio a Margarita y le recomendó que lo guardara porque era un regalo para los tres hermanos.

—Cuando Aimé y yo desembarcamos en América —empezó a contarle a los niños—, todo me pareció maravilloso. Me gustaría que pudieran imaginarse la cantidad de animales y de plantas que hay en estos lugares y cómo cambian de una región a otra.

—Disculpe, Alexander —interrumpió Matilde—, ¿para qué sirve ese objeto redondo y transparente?

—Matilde, no interrumpas a las personas cuando hablan, ya te lo han dicho nuestros padres —replicó Margarita un poco disgustada—. Además, no le hemos dado las gracias por el obsequio que acaba de darnos.

—Margarita, no hay ningún problema. Este artefacto es una lupa que sirve para ver las cosas mucho más grandes de lo que son. También permite ver detalles que a simple vista no se pueden percibir. Gracias a una lupa descubrí, junto con mi amigo Aimé, especies de plantas muy pequeñas.

Pedro estaba concentrado mirando los otros objetos que Alexander llevaba consigo. Le preguntó para qué servían y cómo funcionaban, pues eran un enigma para él.

—Mi querido Pedro, necesito estos instrumentos para investigar la naturaleza de este lugar. Hemos venido aquí a conocer las diferentes especies de plantas y queremos trazar mapas de los territorios que recorramos, por eso necesitamos todos estos instrumentos.

Los niños estaban entusiasmados con los instrumentos y las historias de los viajes.

Primero pensé en viajar a África —continuó relatando Alexander—, pero al final decidí venir a América del Sur. Aimé quiso acompañarme y navegamos en un barco llamado Pizarro. Fue un buen viaje.

—¿Qué es África? —preguntó tímidamente Matilde.

—Me encanta responder tus insistentes y constantes preguntas, pequeña. Preguntarse el porqué de todo es una característica de los investigadores. África es un continente y está aquí —dijo Alexander y señaló un punto en el mapa.

—Gracias, Alexander —dijo Matilde más tranquila.

—Cuando llegamos a América del Sur —continuó relatando—, primero desembarcamos en la costa atlántica del virreinato de Nueva Granada, donde subimos al cerro El Ávila. El viaje duró tres horas y escribí mucho sobre la vegetación, la fauna, el terreno y los minerales del lugar.

—Después, ¿adónde fueron? —volvió a preguntar la niña.

—Continuamos nuestro camino hacia el sur y llegamos a Santafé, la capital del virreinato de la Nueva Granada. Allí hablé con un excelente botánico llamado José Celestino Mutis, el protagonista de una gran expedición en la que recogió muchas plantas, que ahora están en herbarios representadas por hermosos y coloridos dibujos.

—¿Crees que cuando crezca podré ser botánica, como tú y José Celestino? —preguntó Margarita con un hilo de voz.

—Por supuesto, si es lo que quieres, lo serás —le respondió Alexander.

—Bueno, niños, deben regresar a casa porque es la hora del almuerzo y no quiero que se pierdan la deliciosa sopa de cuchuco —dijo mientras seguía tomando apuntes en su libreta—. Además, tengo que preparar todos los detalles del viaje, mañana saldremos temprano y aún no tenemos listos los instrumentos. Yo los alcanzaré en un momento.

—¿De verdad quieren subir hasta allí? —preguntó Pedro incrédulo—. El volcán se ve tan alto... la puntita casi toca el cielo. Además, debe hacer mucho frío allá arriba; se está mejor aquí abajo, es más calientito.

—Sí, es un volcán hermosísimo. Parece como si la punta estuviera vestida del blanco de la nieve y abrazada por las nubes flotantes —respondió Alexander.

Los tres niños regresaron a casa pensando en las palabras de Alexander y el recorrido hacia el volcán. En casa, Lucía ya los estaba llamando a almorzar, pero antes de entrar, Matilde se detuvo de repente porque había visto una fila de hormigas en el césped y quiso usar la lupa que Alexander les había dado.

—Margarita, Pedro, miren esta fila de hormigas. ¡Observémosla con la lupa!

—¡Sí! Se verán mucho más grandes —dijo Margarita—. Dinos qué alcanzas a ver.

—Después me dejas ver —replicó Pedro.

—¡Ahh! No lo van a creer, las hormigas tienen dos ojos grandísimos, unas antenas que mueven de un lado a otro y, en vez de boca, tienen dos mandíbulas en forma de sierra —dijo Matilde con asombro.

Pedro tomó la lupa y continuó haciendo observaciones:

Detective del lenguaje

La palabra subrayada es un adjetivo calificativo. Busca otros adjetivos calificativos en esta página.

—Matilde, ¿te diste cuenta de que su cuerpo está dividido en tres partes? ¡Qué curioso! ¡Una hormiga frota sus antenas con las antenas de otra, como si estuvieran hablando!

—¡Niños, los estamos esperando para almorzar! La comida se enfría —gritó Lucía desde la entrada de la casa.

Los niños corrieron y unos minutos después llegaron Alexander y Aimé.

Después del almuerzo, Lucía les dio a los viajeros frutas, pan, agua y queso para llevar, pues tardarían un par de días en regresar. Era importante que llevaran alimentos suficientes para el recorrido.

Capítulo 3

Nuestro propio herbario

Al día siguiente, todo estaba listo para subir al Chimborazo. Los niños acompañaron a los investigadores un tramo del camino y regresaron a casa. Observaban a Alexander y a su equipo subir hacia la cima. Aimé dio la vuelta y se despidió con la mano.

La belleza del volcán hechizaba a Alexander, pero él estaba un poco dudoso acerca de llegar a la cima.

Mientras Alexander y Aimé estaban en el Chimborazo, Margarita, Pedro y Matilde se dedicaron a observar todo con la lupa. Así descubrieron que había mundos diminutos, escondidos en cada hoja, cada rama y cada animalito. Entre tanto a Margarita se le ocurrió una idea.

—Debemos agradecerle a Alexander el regalo que nos dio —dijo Margarita a sus hermanos.

—¿Qué se te ocurre? Tal vez podríamos darle un ramo de flores —dijo Matilde.

—No, porque un ramo duraría poco. ¿Qué tal si le regalamos un herbario?, ¿recuerdas qué es? —propuso Pedro.

—Sí lo recuerdo, es un librito con hojas y flores secas —respondió la niña un poco disgustada.

Detective del lenguaje	¿Cuál es la función de la raya —, en el inicio de algunos párrafos?

—Me parece buena idea, Pedro, pero deja de molestar a Matilde —dijo con seriedad Margarita—. Se me ocurre que podemos dividirnos las tareas: Pedro puede recoger las plantas que no tienen flores, Matilde las que sí las tienen, y yo me puedo encargar de clasificarlas. ¿Están de acuerdo?

—Sí, y entre los tres podemos pegarlas a la libreta y escribir sus nombres. Los datos que desconozcamos se los podemos preguntar a nuestros padres —concluyó Matilde emocionada.

Pedro y Matilde trabajaron todo el día y reunieron en una mesa todas las plantas que habían recolectado, para que Margarita las clasificara. Debían terminar el herbario antes de que los viajeros llegaran de su travesía por el volcán.

Lo más complicado fue indicar los nombres de las diversas especies porque los niños desconocían la mayoría, así que tuvieron que preguntarles a sus padres. Sin embargo, ese día se dieron cuenta de que sí conocían las propiedades de las plantas: unas eran medicinales, otras aromáticas y algunas eran capaces de ahuyentar plagas, como mosquitos o caracoles.

Para ayudarlos, Lucía sacó unas flores secas de hermosos colores de un pequeño cofre. Ella les contó que las había recolectado cuando era niña en una bella pradera, más allá del Chimborazo. Los niños las incluyeron de inmediato en su herbario.

Los viajeros habían logrado llegar a 5,875 metros de altitud, y solo les faltaban 435 metros para alcanzar la cima, pero decidieron parar y no seguir subiendo, pues sentían que les faltaba oxígeno para respirar. Decidieron bajar rápidamente para evitar problemas graves de salud.

En la noche, cuando regresaron a la casa de Lucía y Juan, le contaron a la familia lo sucedido.

—Nuestra travesía fue estupenda, pero no alcanzamos a llegar a la cumbre del volcán —dijo Alexander con un poco de desconsuelo—. Pero eso no importa porque estamos felices de haber llegado tan alto. Recolecté varios tesoros botánicos y geológicos que llevaré a mi país. Estoy seguro de poder describir con detalle los asombrosos paisajes que he visto.

Los niños y sus padres escuchaban el relato con asombro. Alexander decía que la vista desde arriba era maravillosa: todo se veía diminuto, y la perspectiva era totalmente diferente.

—Seguro que nos veíamos desde allá arriba como las hormigas —dijo Matilde y todos rieron con la ocurrencia de la pequeña.

Aunque los niños querían quedarse un poco más y escuchar los relatos de los viajeros, Lucía los acostó, pues ya era tarde. A la mañana siguiente, se despertaron temprano, antes de la partida de Humboldt y Aimé, para terminar el herbario. La encargada de entregárselo a Alexander fue Matilde.

Detective del lenguaje

Busca tres adjetivos calificativos en esta página.

—¡Qué sorpresa! Es muy bonito —dijo Alexander observando con detenimiento todo lo que los niños habían pegado en las hojas de papel.

Luego, se dio cuenta de que en la última página del herbario había una nota y la leyó en voz alta: "Nos hiciste ver que somos parte de un sistema natural que tiene misterio, perfección y colorido. Te estimamos mucho, Alexander von Humboldt".

Alexander abrazó a los niños y entre sonrisas les agradeció el regalo. Los tres hermanos sintieron una especie de transición, pues el contacto con Alexander von Humboldt y Aimé los había transformado en pequeños investigadores.

Antes de partir, Alexander y su compañero les habían dejado un valioso tesoro: el interés por conocer las especies con las que habían crecido, pero nunca antes habían observado con detenimiento.

Respuesta a la lectura

Resumir

Usa los detalles más importantes de *Humboldt en América* para resumir el cuento. Puedes usar el organizador gráfico como ayuda.

Evidencia en el texto

1. ¿Cómo sabes que el cuento *Humboldt en América* es ficción histórica? Identifica tres características que lo indiquen. **GÉNERO**

2. Compara a Margarita, Pedro y Matilde antes y después de conocer a Alexander von Humboldt. ¿Cómo cambiaron los tres niños después de su contacto con este personaje? **COMPARAR Y CONTRASTAR**

3. ¿Qué significa la palabra *transición* en la página 17? Lee las oraciones que la rodean para determinar su significado. **CLAVES DE CONTEXTO**

4. Escribe acerca de la fascinación de los tres niños por la naturaleza, después de su contacto con Alexander Von Humboldt. **ESCRIBE SOBRE LA LECTURA**

Género Ficción realista

Compara los textos

Lee cómo un niño descubrió una nueva perspectiva sobre las verduras.

El misterio de la hora de la comida

—¿Te cepillaste los dientes? ¿Llevaste tu pijama? ¿Están limpias tus medias? —preguntó mamá.

Santiago volteó los ojos.

—Solo estaré donde Rajh una noche —le recordó.

—Espero que lleves tus buenos modales contigo —dijo papá mirando por encima de la ensalada que preparaba— y evites quejarte de las verduras cuando te sirvan la comida.

Santiago hizo una mueca, porque es cierto que él no era un gran aficionado de las verduras, pero papá había sido algo injusto. Las únicas verduras que Santiago aborrecía eran la zanahoria y la cebolla, y esperaba, si corría con suerte, que los Pradesh no las sirvieran para la cena.

Cuando Santiago llegó, la Sra. Pradesh estaba ocupada en la cocina picando algo. Como la luz brillaba deslumbrante a través de la ventana de la cocina, de momento no supo qué había en la tabla de picar. Después las vio, no eran cebollas o zanahorias por sí solas, ¡sino que ambas y en un mismo plato!

Santiago estuvo preocupado pensando en la cena toda la tarde. Pensaba que las cebollas eran horribles, especialmente por su textura resbalosa; quizá podría tragarlas rápidamente. Las zanahorias, por su parte, las encontraba feísimas, sin importar cómo estuvieran preparadas.

Hasta cuando se sentó a la mesa, a la espera de que la señora Pradesh sirviera la comida, Santiago seguía ansioso. Sintió alivio al ver que primero había sopa y, mejor aún, que le había encantado al tomarla. Tal vez podría repetir sopa y después decir que estaba demasiado lleno para comer el plato principal.

—Me alegra que te guste la comida picante —dijo la Sra. Pradesh.

—Está deliciosa —respondió Santiago—, pensando cómo rechazaría con amabilidad las zanahorias cuando las sirvieran.

—Mmm —dijo Rajh tomando una cucharada de sopa—, ¡la sopa de zanahoria y cilantro es tan buena!

—¿Qué, qué? —balbuceó Santiago.

—Zanahoria y cilantro —replicó la Sra. Pradesh. El cilantro es una hierba que se usa mucho en la cocina india.

—¿De verdad? —dijo Santiago y guardó el dato en la mente para pedirle a sus padres que la buscaran en el supermercado, porque si ellos cocinaban zanahorias con cilantro, tal vez él sería capaz de comerlas.

—Tendremos otra especialidad india para nuestro plato principal —dijo la Sra. Pradesh—, que se llama bhaji de cebolla.

Santiago sintió un vuelco en el estómago, pero como había comido zanahorias al estilo del sur de la India, quizá, le gustarían las cebollas cocinadas de la misma manera. No obstante, se preguntó nuevamente cuánta suerte podía tener en una sola comida.

El Sr. Pradesh recogió los platos de sopa y regresó pronto de la cocina con un plato de metal que contenía unas bolas doradas y crujientes parecidas a frituras redondas. También traía unos platos pequeños, cada uno con una salsa distinta.

Santiago se sirvió el bhaji más pequeño que encontró, pero después de un mordisco cauteloso ¡quedó maravillado! Tuvo que contenerse. Cuando la Sra. Pradesh lo notó, le sirvió toda una pila en su plato.

—¡Esto está delicioso! —logró decir Santiago entre bocado y bocado—. ¿También tiene cilantro?

—No, comino y jengibre —dijo Rajh—, ¡es la receta de mi tía y es mi favorita!

Santiago asintió con la cabeza. Estaba ansioso por contarles a su mamá y a su papá que ya no era exigente para comer verduras, pero que debían cocinar las zanahorias y las cebollas siguiendo cualquier receta india, ¡y así él estaría contento de comerlas en cualquier momento!

Haz conexiones

¿Por qué Santiago se dio cuenta de que podía disfrutar las zanahorias y las cebollas en *El misterio de la hora de la comida*? **PREGUNTA ESENCIAL**

Compara las experiencias de los tres hermanos en *Humboldt en América* y de Santiago en *El misterio de la hora de la comida*. ¿En qué se parecen? **EL TEXTO Y OTROS TEXTOS**

Enfoque:
Elementos literarios

Lenguaje figurativo Los escritores utilizan lenguaje figurativo para describir algo y compararlo con otra cosa. Lo hacen de muchas maneras, por ejemplo, utilizando metáforas, símiles, personificaciones u onomatopeyas.

Lee y descubre En la página 11 de *Humboldt en América*, se describe la cima del volcán por medio de lenguaje figurativo: "es un volcán hermosísimo. Parece como si la punta estuviera vestida del blanco de la nieve y abrazada por las nubes flotantes".

Tu turno

Busca tres ejemplos de lenguaje figurativo en los cuentos. Haz un boceto para mostrar cómo serían si se escribieran literalmente. Convierte tus bocetos en ilustraciones a todo color, para que todos recuerden el uso del lenguaje figurativo en sus escritos.